New Aging :
Live Smarter Now
to Live Better Forever

熟年自治世代

用 設 計 服 務 未 來 的 自 己

無畏老後的 90 項熟齡整理提案

馬帝亞斯·伍爾維奇
Matthias Hollwich
布魯斯茅設計團隊 ——著
Bruce Mau Design

盧俞如 —譯

國家圖書館出版品預行編目 (CIP) 資料

熟年自治世代。用設計服務未來的自己 / 馬帝
亞斯 . 伍爾維奇 (Matthias Hollwich)、布魯斯茅
設計團隊（Bruce Mau Design）著 .
－－初版－－臺北市；麥浩斯出版；
家庭傳媒城邦分公司發行，2016.09
面；　公分－－（Solution 86）
譯自：New aging :
live smarter now to live better forever
ISBN 978-986-408-198-1（平裝）
1. 老人學 2. 生活指導
544.8　　　　　　　　　　　　　105015237

Solution 86

熟年自治世代。用設計服務未來的自己

無畏老後的 90 項熟齡整理提案
New Aging：Live Smarter Now to Live Better Forever

作　　　者｜馬帝亞斯 . 伍爾維奇 (Matthias Hollwich)、
　　　　　　布魯斯茅設計團隊 (Bruce Mau Design)
文字撰寫｜珍妮佛 · 契雪絲 (Jennifer Krichels)
插　　畫｜羅伯特 · 山謬 · 韓森 (Robert Samuel Hanson)
譯　　者｜盧俞如
責任編輯｜蔡竺玲
封面設計｜我我工作室
美術設計｜梁淑娟
行　　銷｜呂睿穎
版權專員｜吳怡萱

發 行 人｜何飛鵬
總 經 理｜李淑霞
社　 長｜林孟葦
總 編 輯｜張麗寶
叢書主編｜楊宜倩
叢書副主編｜許嘉芬

出　　版｜城邦文化事業股份有限公司 麥浩斯出版
地　　址｜104 台北市中山區民生東路二段 141 號 8 樓
電　　話｜02-2500-7578
E-mail｜cs@myhomelife.com.tw
發　　行｜英屬蓋曼群島商家庭傳媒股份有限公司城邦分公司
地　　址｜104 台北市民生東路二段 141 號 2 樓
讀者服務專線｜0800-020-299（週一至週五 AM09:30 ～ 12:00；PM01:30 ～ PM05:00）
讀者服務傳真｜02-2517-0999
劃撥帳號｜1983-3516
劃撥戶名｜英屬蓋曼群島商家庭傳媒股份有限公司城邦分公司

香港發行｜城邦 (香港) 出版集團有限公司
地　　址｜香港灣仔駱克道 193 號東超商業中心 1 樓
電　　話｜852-2508-6231
傳　　真｜852-2578-9337

馬新發行｜城邦 (馬新) 出版集團 Cite (M) Sdn Bhd
地　　址｜41, Jalan Radin Anum, Bandar Baru Sri Petaling,
　　　　　57000 Kuala Lumpur, Malaysia.
電　　話｜603-9057-8822
傳　　真｜603-9057-6622

總 經 銷｜聯合發行股份有限公司
電　　話｜02-2917-8022
傳　　真｜02-2915-6275
製版印刷｜凱林彩印股份有限公司
版　　次｜2016 年 9 月初版一刷
定　　價｜新台幣 380 元整

Printed in Taiwan

致謝 這本書要獻給我的家人

芭芭拉和沃特、

親愛的祖母歐蜜、茉希以及姨婆烏詩。

感謝賓州大學給我這個機會，

向學生們教授熟年與建築這個主題，

更謝謝羅伯特·卡西爾讓我能夠和

退休組織BOOM community合作共事。

感謝全世界最棒的事業夥伴

馬克·庫什納。

感謝詹姆士·羅勃克

總是讓我放心的晚歸，

並且把週末都用於寫稿。

目錄

嶄新熟年
New Aging

　　正式邁入四十歲時，我驚覺若是根據目前的統計數字，自己的人生其實已經過了一半，不禁對即將面臨的未來感到好奇，於是開始搜尋熟年生活的相關資料，我想知道整個社會和建築環境將如何提供我們一個快樂而滿足的下半場。

　　然而所得到的資訊並不如我所樂見的樣子。

　　因此賓州大學（University of Pennsylvania）和我的建築事務所HWKN開始研究，讓學生、系所同事、建築師、研究員共同發想與創新，如何使熟年變成一件容易落實又能令人滿足的人生進行式，最後的成果竟然真的讓人驚豔：一個退休輔導團體可能變成一個掌握實權的機構；一間照護之家可能變成健康俱樂部；一個非正式的公益性質App可以提供銀髮族的強力後援。許多夢想都具備美好願景，但身為設計師的我們很清楚，一個想法需要幾十年時間才能整合，一次只能建造一座建築，實在不夠快。

　　這就是我為什麼決定動筆寫這本書的初衷。用一本書把我們所有的知識貢獻出來，使得整個社會、建築群、各個城市了解該如何做得更好。我們彙整出條理和行動，讓每個人從今天到往後的每天一一實現。更有智慧的生活方式將會讓人生進行式更為圓滿，無論對個人或社群皆然。

馬帝亞斯·伍爾維奇 Matthias Hollwich

智慧生活 自在人生
Live Smarter Now to
Live Better Forever

《熟年自治世代。用設計服務未來的自己》一書，是一本令人大開眼界的生活指南，為即將面臨的未來下半場提供正能量以及能輕鬆實踐的提案。

從發展全新的熟年態度開始，包括如何拓展社交、邀請更多朋友進入我們的人際圈；如何與世界時時接軌保持開放；如何養成好習慣、吃得有風格又能維持良好體態；並能善用交通方式，移動自如；用全新的眼光看待居家環境（同時進行必要的改善）；還有應用各項服務及科技來打造未來的獨立生活模式，透過策劃經年逐步整合熟年生活的藍圖。

不可否認的，隨著年齡增長，生活中難免仍會障礙必須突破，但只要把握機會事先把大事化小，在障礙出現之前做好準備，甚至提前消除它。只要有心，就能讓問題遠離我們，甚至也能提早遠離身邊的家人、朋友、鄰居，問題化解於無形，讓我們過著想要的幸福生活，直到永遠。

這就是我們希望分享給大家的。

New Aging

1

熟年的美好
Love Aging

想想關於熟年，有哪些事是失去自由和活力，還有變得無聊等等？把這些都拋出窗外吧！這只是對於「熟年」概念尚未被破解的社會產物，如果這個社會決定把對老化的恐懼，轉換成欣賞生命的美好，會變得如何呢？以積極的態度面對熟年是一個起點，時時刻刻盡享每一段生命旅程。既然樂觀人生是長壽之道的要訣之一，這麼做至少讓我們多活一些。

熟年是一件禮物，一生一次的機會。當我們年齡增長，才有機會了解每一天是多麼珍貴，任何人終其一生都應該過著自己想要的樣子，生命時光的總合令人覺得滿足，比世界上任何一件事都來得有價值。這個想法也是一件禮物，你可以大方分送給身邊的每個人，透過你的實踐，其他人能夠更早學習這門課。

熟年是一件禮物
Aging is a gift.

活在當下──送這個禮物給自己吧！每天至少準備一個特別的體驗，像是吃一頓大餐、見見親愛的朋友、學習一件新事物，或是買一件好東西善待自己。

我們從出生開始，經歷了青少年、慢慢成為大人，然後真正達到成熟、智慧和沉穩的階段。無論哪個階段，都是打開視野的好時機，就像是前往一個全新國度旅行。不管我們現在身處何地，都是自己生命的探險家，努力迎向並接收這未知世界的一切，好奇心即是那把鑰匙——觸動內心想要深入探險的欲望。

展開一場人生探險
Take a Trip of a Lifetime.

這個星期不妨嘗試一件新鮮事，從簡單的開始，比如把家裡的某個角落重新佈置一下，或者造訪住家附近還沒去過的地方。也可以更戲劇化的挑戰，像是開始游泳、玩玩園藝，甚至觀測星星。

年紀越大，就必須更勇於冒險！讓生命的奇妙變化取代內心的不安，我們應該更具備好奇心，對未來更加興奮。年輕的時候，我們總是能很輕鬆地表現出樂觀、好奇和對新事物態度開放的特質，沒理由這些特質不會繼續滋養我們其他人生階段。每當焦慮和排斥的情緒找上門，請記得一個全新的經驗會帶給你明確而正面的效果，包括健康的身體、更寬廣的生命延續、更有活力的社交環境以及更棒的生活品質。

少點煩憂，多些冒險
Don't Worry, Be Adventurous.

寫下今年你最想要體驗的10件事！並且預想一下你要如何讓其中一個夢想成真。

生命之初，多數人只知道怎麼吃和喝，隨著年歲俱進，我們的能力變得更多元，擁有的技能也日新月異。種種嶄新活動為人生開拓更寬廣的地平線，特別持續努力鍛鍊的那一、兩項技能，被琢磨得臻至純熟，剩下尚未發揮的，反而在逆境時成為轉機，始能發光發熱。因為年紀漸長，才得以累積如此珍貴的無形資產，並進一步定義自身意義。

培養專才
Collect a Set of Tools.

列一張自己最具影響力的10項天賦清單，大方與你的親人朋友們分享，讓他們也有機會學學這些東西。

還記得你第一次使用網路是什麼時候？能夠歷經社會的重要轉型時刻是件多麼精彩的事！我們身在其中，同步參與了藝術、科學和社會的重大發展。不管何時真正意識自己見證了歷史關鍵，像是爭取普選權的激烈抗爭，或是投入了第一位非裔美國總統的選舉，以及數位時代大大翻轉社會發展，我們可以找到無數的共通話題，並持續活躍於社會脈動中。

參與歷史見證
Participate in
History Being Made.

想想看，在你週遭環境、全國上下，甚至放眼全球，今天有哪些有趣的事件正在發生。多多吸收新聞，自願參與政治活動，更可以在地方擔任領袖，設立目標並親自推動。

年紀越老成，反而與無知更接近。不過，「老成」這個詞應該換成「創新」，我們才是先驅，將人類經驗的深度推往一個新境界。我們已經能夠自由運用所知，無界限、無所懼地去探索生命之外的更多事物，我們可能做出想都沒想過的大業。

成為先驅
Be a Pioneer.

一位開拓者總是被期望要開創新局，在哪件事上面，你期盼這個世界會有所改變？現在正是時候放聲說出來，進一步扭轉它！

面對現實！這世界沒有所謂的「老人」，只有現在的你我，和過去的你我。我們都會年紀增長，但我們還是同樣的我們，增加的只有更豐盛的經驗。現在的我們，都比前一分鐘的我們所知更深廣。

莫歧視自己的熟年
Don't Discriminate
Against Yourself.

絕對不要稱任何人為「老人」，也不要為了你前面的人動作慢而生氣，人類註定會活得越來越慢。深呼吸一下，記得要活在當下。

不要錯過任何一個可以試著了解熟年的機會。大多數的人都是在家庭中首次面對變老的過程，而且我們也是從家中長者學習熟年這件事。幫助長者處理重要事務和關鍵決策，不僅讓自己覺得充實，更可從中汲取寶貴經驗，培養並發展出我們未來面臨類似過程時看待一切的態度。

熟年前的試駕
Take Aging for a Test Drive.

拿起電話，打給你所認識年紀最大的一位長輩，聊聊他們對於熟年的人生經驗以及他們面對每一日的方式。

2

社交的美妙
Be Social

社交是人類天性所需，無論是誰都需要各式各樣的情誼，家人、親密朋友、同事以及偶遇結交而熟識的人。健康的情誼對人生至關重要，含括生理和心理層面，隨著年歲漸增，人際社交網路的影響只會益加深遠，同時成為我們的社會安全網。保持社交生活讓我們對社群持續投入，並維持最新動態追蹤，認識更多新朋友。現今社會以各種理念構成一個信任圈已經越來越容易，何不起身開拓一個屬於你自己的社交圈，這會是對未來最優質的投資！

家人對任何一個人生階段的健全社交都非常重要，在早年全家人共處一個屋簷下的時期格外顯著。雖然我們可能因為構建新的人際關係，必須搬到其他城市或國家，但仍須牢記讓彼此的距離儘量靠近，這是家庭成員可以互相關照的關鍵。每當人生出現了移居的時刻，理想上應該要規劃與家人住在剛剛好的距離，讓大家雖然貌似分散各地享有獨立生活，但又恰到好處的彼此定期照應。

彼此再靠近一些
Get Closer.

找出地圖，將親近的家人朋友居住地圈出來，然後審慎考慮未來如何住得更靠近彼此一些。

現代生活已經讓原有的家庭基本結構演進到新的階段，傳統上認為血緣親近的為家人，但定義「家人」的觀念已經被改寫，現代將家人的定義延伸至邀請其他關係進入我們的親密圈，並且能夠提供安全感，豐富彼此人生。

待摯友如親
Treat Best Friends Like Family.

想出三個最好的朋友，然後認真以兄弟姊妹的方式相待，並且開始一些全新的家族傳統，在重要的假日節慶和人生關鍵時刻邀請如親人般的摯友一起參與。

成年之後，我們花了最多時間和同事及合作夥伴相處。其實我們大可以讓這些友誼超越工作上的連結，創造更具意義且比共事更加長久的情誼，漸漸納入親密圈內。因為同事提供的豐富人際資源是我們可以輕鬆加入的，有如在我們周圍形成一種「人際黏著劑」，興趣嗜好同步，生活風格也會相近，一切都來自大家有共同的工作環境。更由於這些共享經驗、專業目標，甚至會讓前同事一起獨立出來創業，想像一下和志同道合彼此信任的朋友打造全新事業，是多麼具有潛力。

同事變成朋友或夥伴
Turn Colleagues into Friends, Partners.

這個星期不妨計畫一下，安排和最親近的幾位同事下班後聚聚，讓他們漸漸成為你親密圈內的成員。

44

會選擇同樣社區的人必定有許多相似之處，何不就這個好理由開發新朋友，況且大家已經住得這麼靠近，搞不好每個週日早上常在同一個報攤碰面。結交幾個好鄰居最輕鬆的方法便是——走出家門，主動打招呼，並且參與社區活動。慢慢和鄰居熟悉之後，你可以發電子郵件主動破冰建立話題，一起安排每週上市場的行程，或者提供資訊並協助新來的鄰居。想像你投入在社區的資源，如同持續送出的禮物，這樣一來我們不但能夠與本地活動保持連結，也讓自己的生活更為充實。

結交幾個好鄰居
Meet the Neighbors.

下次見到鄰居時，交換一下電子信箱和電話，偶爾聯絡聯絡，尤其是本來街頭巷尾常遇見的幾位，卻有一陣子沒見到的時候。

不必離開原來的社區，我們可以把住在附近的好朋友一起邀請過來，共同支持本地店家和活動中心，一方面增進居民的緊密聯繫，另一方面也會滋養整個社區，更不用提你的生活將會更有活力。想想能夠在住家附近，隨時找到你最喜愛的朋友有多棒！無論市郊、鄉間或城市大樓，把好朋友們揪過來成為好鄰居，共創一個更強大的社區環境吧！

好友相揪當鄰居
Good Friends Makes Great Neighborhood.

主動邀請你的朋友來住家附近走走逛逛，介紹這個區域有哪些特別的地方，適時丟出彼此應該住得更近的想法。

還記得大學時代和其他同學一起窩在宿舍的日子嗎？對許多人來說，這可能是我們生命中社交經驗最豐富的一段時光。我們可以從宿舍生活中汲取不少好本領，應用在未來和房客的共同生活上，比如彼此分擔費用、互相依靠，有時一起找樂子等等。但正因為青春小鳥一去不復返，大家從學生長大成人了，應該切中實際考慮房屋設備升級：包括增設獨立出入大門，提供附私人衛浴的套房，以及多幾個起居室或公共娛樂空間，這些都是落實邀請房客變新室友的關鍵。

房客就是新室友
Housemates Are the New Roommates.

重新檢視家中格局，尋求未來與好友同住的機會。

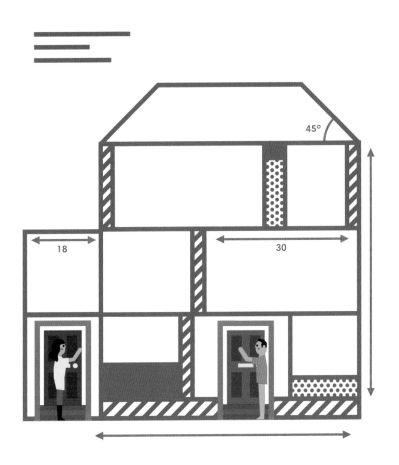

移除自家和鄰居間的圍籬，讓左鄰右舍的空間更為寬廣，互相分享游泳池和大草皮，或以陽台棧板和戶外烤肉做回禮。打破傳統上認為的家戶藩籬，讓整個社區益加互動熱絡，和更多人分享各自擁有的不同設備，正是獨樂樂不如眾樂樂的精神！看起來像是失去了專屬權，實質上獲得更多社會連結的正面效應。

打破和鄰居之間的圍籬

Breaking Down Fences Makes
Great Neighbors.

召開一場社區會議，邀集大家提出哪些設備願意分享出來，打破現有藩籬。理想上來說，慢慢來也沒關係，一次撤除一些就可以了。

想要讓家裡更有活力、社交生活更精彩，你居住的地方就得對訪客具有吸引力，保證他們在這裡很開心沒有其他顧慮。把使用規模集中一些會有不少好處，可以考慮打造具備多功能的生活空間，對大家融入社交非常有幫助，比如說有游泳池、桑拿、提供無線Wifi、開放式餐廚，或者一間令人興奮的娛樂室。貼心的先進設計讓訪客賓至如歸，大家也會更喜歡和眾人一起歡度時光。一旦我們的家對訪客來說魅力十足，訪客對我們來說也一樣令人歡喜。

把家裡改裝成俱樂部
Turn Your Home into a Clubhouse.

重新審視自己的住家，至少新增一項獨特又有趣的設備，一定會讓你和你的嘉賓都倍感寵幸。

傳統上，門廊往往是一處可以和鄰居接觸，又可以保有隱私的地方。何不增加幾個這樣的區域，繼續半開放的傳統，打造不同的門廊區域或半開放的場所讓大家聚會。如果你住在公寓裡，不要只是宅在家或看電視，偶爾對鄰居敞開大門，為心情起伏做個調節。如果你有個面對大街的前廊，或者恰巧位於建築物正面，都是可以利用地形和社區接觸的絕佳方式。

門廊變成前排座位
Make Your Porch
a Front-Row Seat.

這個週末不妨舉辦一場開門派對，準備些茶水點心，一整天敞開前門，並且掛上大字報寫著：「歡迎光臨」。你會非常驚訝你的鄰居其實很熱情。

邀請朋友加入自己的社團活動，不但能交流經驗，也同時與更多人建立加倍緊密的情誼。對邀請者來說，有機會參與新活動、多和朋友碰面，擴展彼此生活中的一個部分。角色對換來看，接受邀請體驗新事物也一樣充滿樂趣。因此我們應該對朋友更加敞開心懷，也讓自己面對全新體驗時積極以對。

眾樂樂
Do It Together.

想想你的日常作息，有哪些是可以和同伴一起活動的。不論是要做什麼，快找朋友一起參與吧。

友誼萬歲！讓我們積極主動地維繫。不再只是閒坐家中等待電話響起，起而行定期安排約會或活動，好好耕耘友誼。比如每二週和同事一起吃午餐，週六早上和鄰居散散步，找個週末約人出去郊遊。安排習慣了成為常態之後，其實約人花不了太多時間，只要每天撥出15分鐘左右，寫寫信或者打電話給你關心的人，就能幫助我們維繫情感。

捎個信息
Phone a Friend.

今天就和三位朋友聯繫，安排這個月出遊的計畫吧。

時光荏苒，稍縱即逝，不妨專注在每日排定的幾項功課上，但也別忘了生命中還有許多美好事物，像是親身傳遞寶貴人生經驗。我們可以有規律地安排社交活動，大概一週兩次，約約親戚或朋友，選擇大家都可以輕鬆參與的活動，可以一起享受美食、逛街購物、造訪博物館、參加運動盛事。決定哪些特定日子作為社交時間，哪些時候任自己隨興自由。當我們開始和更多人的生活產生連結，這些人自然習慣讓我們融入他們的生活。

排定社交規律
Make a Rule to Be Social.

瀏覽一下自己的行程表，找出你想把誰加入其中，不妨使用線上共享行事曆，開放給朋友輕鬆敲定團體活動。

Aug 21

Aug 22

製造機會讓人們相遇，便能保持社交引擎順暢運作。舉例來說，你正好需要找一個新住處，應該尋求熱鬧又方便的環境，無論是刻意安排，或純粹偶然巧合，這麼做就是很容易能夠遇到熟人和朋友。

主動製造機會和能見度
See and Be Seen.

每天規劃去一個地方走走，像是農夫市集、公園、遊樂場、咖啡館等等，這些地方都很容易巧遇朋友。

人們過去安排生活的方式已經被數位科技大大翻轉，我們的個人行程也一樣。當今這個看似高度被規劃妥當的世界，反而不容易確實執行，甚至不能盡情享受。因為從需要提前安排的遠期行程，到臨時起意的小聚會，都可能隨時隨地依需求而產生。傳統的行事曆思維在現今來說成效不大，不如善用線上共享的社交軟體來規劃管理，讓大家自行決定個人能否加入活動，而不需要太早在團體中給予承諾。

宣傳個人行程
Advertise Your Schedule.

何不今天就使用網路的社交媒體安排面對面聚會，以維繫現實的社交生活。

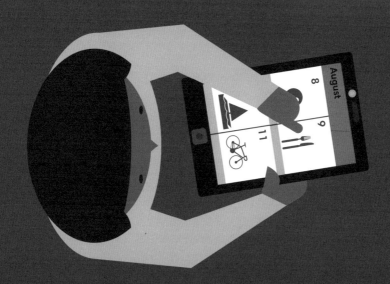

3

永不退休的美景
Never Retire

「退休」恐怕是整個社會發展中最糟糕的觀念之一，我們可能因為厭惡原來的工作，而殷殷期盼解脫的那天，但千萬不要等到退休才驚覺該去做些什麼。翻轉一下既有觀念，不再因為自己從來沒喜歡過某個工作才離職，而是發現其他能夠滿足未來長期規劃的選擇。世界上有非常多緣由讓我們在能力範圍內持續工作，最重要的一項即是帶來長壽。參與活動對人生意義非凡，並且增加對生命的期盼。

與其完全離開職場，不妨從兼職或約聘開始逐步轉換，許多雇主對我們這些資歷豐富的候選人展開雙臂歡迎。當你仍在職場上，就應該開始善加利用能夠靈活安排時間的方法，比如單獨的面對面溝通、運用各類電子通訊以及彈性的工時等等。線上的自由工作平台其實已經開放了不少機會，想要兼職的人都能輕鬆加入，多宣傳你可以提供的工商服務，看看是否有吸引你的專案主動上門。這麼一來，無論你正把時間花在發展其他的興趣上，依舊讓你和你的專業領域社群保持密切互動，也有機會招來更大的生意或人脈網路。不妨列出自己的核心能力有哪些？又有哪些可以貢獻給新創事業？

找到一個更好的辭職理由
Find an Alternative
to Quitting.

同時思考一下自己的資歷在職場上以及更遠大的目標群中，有什麼地方可以發揮。

一旦下了退休這個決定，我們更應該勇往直前，好好運用想像力開拓下一段全新生涯。不妨開始做些筆記，觀察那些從車庫、客廳、咖啡館起家的傳奇企業人物，晚些創業其實有不少好處，比如擁有豐富閱歷和管理經驗。雖然從原職場退下來，但我們多出的時間、長久累積的潛力客戶及夥伴皆可以直接導入新創事業中。一個沒有立即壓力的新創公司，讓我們具備更充足的彈性時間去深耕磨合、破舊革新，完成一直夢想的事情。

人生的新創事業
Start-Up Your Life.

何不開始為自己的夢想公司撰寫一份精妙的「電梯簡報(註)」？同時構思一下該怎麼開始。只要你先完成了這份電梯簡報，便有機會延伸出一份真正的營運企劃。

註：電梯簡報（elevator pitch），是假設在搭乘電梯的短時間內，向目標群眾說明產品、團體、個人等理念，內容需簡短且切中核心。

想想我們休閒時喜歡做的那些事，人到中年被擱置的兒時熱情又是哪些，還有與生俱來卻被暫時遺忘的天賦，以及之前工作生涯裡的人脈，以上是否能用在逐漸醞釀的第二生涯？一個對縫紉有熱情的人，可以在網路商店或創意市集開始自己的小生意；一個很會作菜的人，可以開烹飪課教鄰居如何在三十分鐘內端出豐盛晚餐。

興趣轉為工作
Put Hobbies to Work.

一個曾是高中足球明星的人，可以成為社區聯盟的裁判。不要小看任何一項專長，即使只是很喜歡孩子的人，也可以轉換跑道在托育中心兼差。持續做一位社會公民，將自己的一、兩項熱情澆灌到工作中，也許便能找出人生的全新維度。

何不將自己喜愛的興趣嗜好列出來，並且考慮把興趣轉為可行的嶄新事業。

花藝

汽車維修

木工

教練

美學設計

旅遊

世上沒有比給予更為重要的事了，我們對身邊的人行善，便是和更大社群站在一起。擔任志工就是很好的行善管道，主動去接觸人群、獲得認同、找尋目標、發展社會中關於所有權的認知。透過本地的義工中心，在時間允許的情況下，找到符合我們興趣嗜好的義工活動，也可以主動在原來的社群網路自願幫忙。

施比受有福
Give a Little, Gain a Lot.

查查看居住地周圍有哪些義工機會？選出你最有興趣的一個來試試。

如果我們的時間尚有餘裕，不妨多參與家庭生活的例行事務，比如幫忙照顧寶寶、關心家裡的長輩，或是協助處理家務雜事等等。一旦這些真正的「工作」越來越上手，便還有更多事情可做，尤其家人全體一起出遊時，主動安排活動，製作一份更有效率的時間表，並為大家精打細算做財務管理。

慷慨奉獻時光
Be Generous with Time.

馬上拿起電話打給親近的家人和朋友，主動詢問要如何最有效益地幫到他們？也問問自己同樣的問題，並且想想自己會如何向他人求助。

當個學生去選課是件好玩的事,尤其我們不再需要兢兢業業地求取成績勝於讓自己進步,全然享受過去認真讀書時無法體會的樂趣。持續接受教育讓我們心智活躍,並且將自己融入各世代匯聚的多元環境中,多學習一件事物,就為我們新開啟一扇窗,同時有機會接觸其他工作、志工或各種貢獻社會的管道。

活到老,學到老
Be a Student Forever.

馬上找找居家附近最方便的三個上課機會,許多大學和專校皆定期提供社區民眾推廣進修名額,調查一下學校提供的方案,下學期開始至少報名一門課。

一位社會上的重量級人物決定退休時，真正的工作才剛剛開始。舉凡成立一座圖書館，或者寫本書、加入慈善組織以及擔任機構發言人等等，看似只有這樣的社會賢達需要規劃生涯下一步，珍貴的智慧資產應該被保留。其實同樣道理在我們自己身上亦然，我們任何一個人都應該記錄自己的寶貴經歷，這些對未來世界絕對意義非凡。每個人的一生都值得烙下印記，成為歷史的見證、世代之間的橋樑。為我們自己做這件事，可以清楚刻畫出我們未來將如何的被懷念，並且將最具價值的資源傳承下去。

保存「你」的文化
Preserve Your Heritage.

從建立一個部落格開始，記錄每一天，甚至也可以拍成家庭電影，或者透過口述歷史的方式將珍貴知識一一留存下來，請記得我們每個人的歷史都對未來至關重要。

年輕與時間賽跑的「忙茫盲」生活中，我們習慣仰賴可以節省最多時間的服務和購物方式，精算一下這些額外付出的金額，在我們擁有時間自由之後，便能重新評估它真正的價值，並調整成自己動手做的方式。把自己切換成DIY模式，不但荷包裡會多出一些錢，還能有機會享受一些微小卻幸福的成就感。

自己動手做
Do It Yourself.

這一週，把外食改成在家下廚吧，然後為庭院除除草，或者親手展開一個自己能一日完工的居家裝修計畫。

用個人存下的基金中的一小部分持續積極參與投資，便能讓自己與時事接軌，偶爾還能享受一些聰明小決定所賺進的紅利。雖然通常建議人上了年紀應該進行保守的財務管理，但是積極參與金融活動會讓人對每日經濟環境保持敏銳。做一個消息靈通的投資人，代表你時刻充分掌握世界局勢，這麼一來你也會是整個社會中容易得到資訊的消息人士。

做個聰明投資人
Become a Trader.

不妨選擇一、兩本財經雜誌，了解當今表現最佳的公司有哪些，好好觀察這些公司和消息線報一段時間，把你的心得分享給你的交易員，做出精準的判斷和漂亮的成果。

4

保持體態美
Stay Fit

保持體態美，同時證明身體的健康、心靈的充實一切皆在掌控中。現在就及早開始養成健身習慣，比起後來再對抗多餘脂肪和身體機能衰退簡單得多。體態的維持十分受到周圍環境影響，抱持參與體能活動就能激勵自己的心理準備，也能立刻享受固定健身帶來的益處，更多美好的機會也隨之降臨。

大部分的人想到運動似乎只有去健身房一途，其實我們身邊還有許多不錯的管道，只是尚未被定義為「運動」罷了。在你的社區範圍內找找其他健身機會，像是到附近大型商場中爬爬最高的階梯，到公共游泳池去游泳也不錯，還有去大型博物館散散步，騎上自行車從城市的一端騎到另一端，以及巡遍百貨公司裡的每間店面。多試著四處移動，來一場短程的運動，甚至也可以單純把車子停得遠一點，再步行到目的地，或是提早幾個街口下公車，再多走幾步抵達終點。

不刻意去做的運動
Exercise Without Meaning To.

這週開始每天多走幾步，設定好計數器並完成目標值。善用你的想像力去發掘你在社區裡的運動潛力，每天的一小步都是值得的，以一日短短15分鐘步行來計算，一年你走的路便能達到5,475分鐘，這樣已經將近一百小時！

宅在家的確覺得挺方便，但不方便其實可以讓我們過得更健康。必須時時提醒自己多找機會出門，和老朋友聚聚、認識新朋友、嘗嘗新鮮事，其實就保持了一定的運動習慣。謹記我們每一次出門，都會讓一個尋常小日子多出些微的運動量，燃燒了一些卡路里，而且呼吸到新鮮的空氣。儘量減少開車吧，多騎騎單車、走走路，領略身邊無數美好事物的簇擁，同時和更多人相遇相知。

找藉口多出門
Find Reasons to Get Out.

看看這個月的行事曆，每天找些新的理由出門去，即便只是到Café喝杯好咖啡，親自去觀賞一場比賽，造訪一間博物館，到某個市場購物，看一場電影，或者不購物純粹享受著瀏覽最新櫥窗。

一般人家裡通常必備廚房、客廳、餐廳和臥房，卻少了可以運動的地方。我們一時也許沒辦法挪出整間房來用，但仍然有機會在家打造一個多功能的健身區。像是將客廳變成臨時的瑜伽教室，書房裡增加有氧運動的設備——跑步機、飛輪、踏步機等等，甚至連廚房都可以安排燃脂設備！趁著閱讀千層麵食譜的當下，順便拿起幾個輕量啞鈴舉重。當然，還有臥房裡一定可以做的伸展、伏地挺身、仰臥起坐等等。

把家裡變成健身房
Turn Home into a Gym.

把家裡變成健身房，可以免去不少逃避運動的藉口。這個星期不妨在家中增加三種運動項目，把這些運動和烹飪、吃飯、睡覺等日常生活一樣進行。

與其去健身房運動，不妨把一些休閒生活轉換成某種健身方式。避開不斷重播的老掉牙節目，轉台到運動健身頻道，或者改用家裡的電動娛樂器材，打開那些有健身效果的遊戲來玩玩。日常生活裡還可以嘗試些園藝來強化肌肉，和你家狗狗玩玩你丟我撿，也對強健心血管機能很有幫助。多開發幾個非典型運動項目，像是晨間舞會、健康操、尋寶遊戲等等，會讓整座城市變成令人開心的大型遊樂園。

健身是一種玩樂
Turn Workout Time into Playtime.

檢查一下你的日程表，把可能可以再增加運動項目的時間打上星號。

無論目前投入的運動處於什麼等級，只要是運動，都是讓自己生活豐富、社交精采的絕佳方式，因為安排運動可以讓自己維持固定且充實的行程，不管喜歡籃球、划船、騎自行車、足球或網球，加入隊伍會讓人更加積極。和其他隊友一起運動，讓健身這回事還額外增添了社交生活的優點，正面樂觀的同儕壓力能讓我們想與隊友保持相當水準。即便你可能無法負荷親自下場征戰球場，還是能夠保留與球友的社交關係，像是和朋友到場支持比賽，或者與家人一起欣賞電視上的球賽。

投入運動社交

Participate in
the Social Aspect of Sports.

立刻拿起電話打給好朋友，討論一下可以共同參與的運動賽事，這麼一來，也等於互相提醒要時時保持體態以及開心運動。

成為某種運動的專家並沒有年齡的限制，試著找到自己熱衷並擅長的運動，拿出最佳實力展現，無論是打高爾夫球、帆船、游泳、釣魚，或者健行、騎自行車、網球等等，永遠有機會可以更上層樓。在某項運動成為專家讓我們更為專注，同時會積極設立目標，而且不失為一個讓生活更有紀律和規律的方式。當然有時候這些目標不一定能真正夢想成真，我們仍然能專注求取最佳表現，剩下的就交由身體狀況來決定。保有一定的競爭性會讓我們和周遭的朋友充滿動能和熱情。

成為一位專家
Become a Professional.

選擇你最熱愛的運動項目，然後立刻報名吧！肯定能夠幫助你再進一步，設定好目標會令你更加投入，隨著時間淬煉，技巧也必定增長不少。

當試一項自己沒投入過的運動，通常能帶來學習上的興奮感和充沛動能，只要技巧確實長足進步，一項運動就能變成一種習慣，經年累月下來，不但能因為願意嘗試新事物而強化了心靈，同時也活化了身體的健康。

一項沒做過的運動，
一個嶄新的機會
Find a New Activity
to Create a New Opportunity.

開始列出從未嘗試過的競技運動，然後挑出一項立即展開行動吧。

每天嘗試一項新運動，讓心靈與身體同樣充實。

確認一下住家附近有沒有**慢速壘球**俱樂部。

體驗一堂太極課程。

每個月一天開發一條全新的步行路線。

加入一個區域運動聯盟。

查一下你居住城市有沒有運動課程能夠直接預定，馬上加入新的健身教室。

GYM

定期去健身房是件非常棒的事，透過不同的運動項目，可以讓你在一個地點便能同時專注在身體耐力和柔軟度訓練上。健身房提供較為整齊的設備水準和性質相近的人群。但要注意，試著加入一個靠近住家，或對你特別有吸引力的健身房，因為如此一來才能夠讓你獲得的樂趣抵過運動帶來的痠痛，長期堅持下去，終究會成為每日固定行程。

參加健身房
Go to the Gym.

如果你尚未成為任何一家健身房的會員，今天就去加入吧！找一個讓你覺得有參與感，並對身心都有幫助的地方。

無論打算開始哪項運動，不妨找找自己的家人或朋友一起參加，讓彼此更帶勁、更健康。一個運動的伴可以讓我們進步，也可能讓我們退步，即便這個運動可以單人進行，像是跑步、舉重等，有人在旁邊激勵彼此達標，更能讓我們排除萬難、突破瓶頸堅持下去。

找到一個運動的友伴
Find a Workout Partner.

不妨翻翻你的通訊錄，看看能說服哪位朋友一週至少兩次一起去健身、參加比賽，或者一起做個人訓練。

5

吃得好就過得好
You Are
How You Eat

市面上已經有不少書教我們如何達到營養均衡，這些書都能讓人獲益良多。而這本書將會著重在「吃」的觀念，跳脫有什麼吃什麼的隨心所欲，調整為具有意義、富健康性的飲食習慣，讓你吃得好的同時，還能創造全新經驗，將人們團聚在這條健康飲食的大道上。早從天地萬物之初，食物便是全世界文化中讓家庭與社群聚集的關鍵，我們應該將飲食這件事以一種豐富人與人情誼、人與食物相連的方式積極帶入我們的生活。飲食本身的意義，絕對超越只是把食材集合起來。

在路上拿著一包洋芋片邊走邊吃，在許多文化中是一種近乎褻瀆的行為。慢食和專心地吃，不但讓我們吃得少一些，也讓我們的用餐經驗更有樂趣。養成慢食習慣，讓人能夠專注自己吃進了什麼，並且讓身體獲得適度的放鬆。

慢食
Eat Slowly.

一天三次，花時間坐在桌邊，靜下來、慢慢吃、開心吃。

請記得飲食不只是吃下食物，想要在吃得更有風格上更為精進，不妨播放一些音樂、點上幾盞燭光，關掉電視和其他令人分心的事物，專心在你的餐點上，坐在真正的餐桌旁，卸除緊張心情，更珍惜每一次入口的食物。

風格食光
Eat in Style.

把你最愛的餐廳菜色記下來，然後在家裡試著重現。

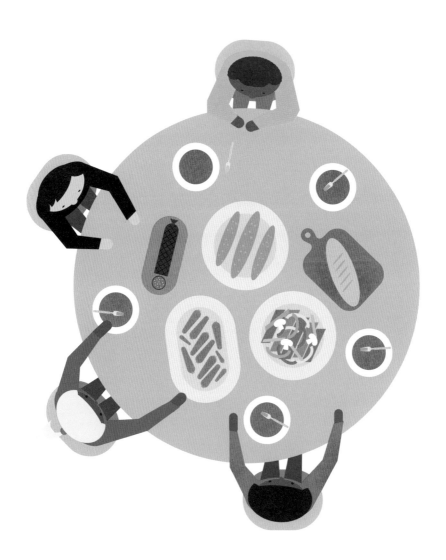

有同伴一起吃飯，能讓我們把飲食變成一項值得用心品嚐的社交食光，而且大家更會關注怎麼吃、吃什麼，甚至是吃多少。若能把家裡一處豪華正式的用餐空間，換成吧檯搭配著高腳椅，可以不拘小節、任意輕鬆坐的大廚房，就能方便家人和朋友隨時登門吃吃聊聊，或是邀請朋友來場非正式的午餐或晚餐聚會，都會變得更加容易。

飲食交誼
Eat Social.

在家裡中央擺上一張餐桌，至少四把椅子，然後馬上打個電話給親朋好友，邀請大家開始常常一起用餐，至少每週一次。

現代人常常看各類美食節目、美食報導，以為整個星期的每天晚上都要弄成至少三道菜餚的豐盛大餐。但當今的現實社會伴隨著緊湊時程，美食大夢成真前要找時間先出門買菜，接著花上1～2個小時（有時候長達5小時）烹飪，所有花費只為了準備一餐，之後還得清理善後，實在太不切實際。不如花點精神找到健康食材且能宅配到府的管道，不要再冒著閃到腰的風險，你可以安排附近店家、在地小農直接送貨到府，另外還能上網找到不少網路商店的宅配服務，方便食材自動上門。

輕簡食程
Take It Easy.

好食物不一定要考驗你的智慧，每週煮一頓完全沒試過、輕鬆無負擔、有益健康的烹調方式，還能讓你拓展如何輕簡下廚的新知識。

挑選幾項廚藝好好磨練，讓我們從初出茅廬的廚房菜鳥，躋身新手大廚。看看廚藝料理節目也許不錯，但更多機會就在鄰近的社區活動中心、私廚教室，甚至一些大型商場內的食材專賣店，他們通常會定期提供課程和全新食譜，附加增進社交的可能性，這些機會都非常推薦。除了實體通路，網際網路的線上管道也不少，不妨在廚房準備平板電腦，這樣一來，無論是傳授烹飪技巧的App應用程式或是教學影片，皆能隨時隨地接收無礙。

向專家請益
Learn from a Pro.

這週就向朋友展現你新學到的烹飪技巧，同時也可以分享給他們！

找到一家餐點品質高、方便抵達的在地好餐廳，並且成為他們的常客。請餐廳每週一次為你保留大餐桌，固定和親友來這裡聚餐，以及每年至少一次預約專屬包廂，在這裡舉辦生日宴會，進一步和餐廳員工及主廚相熟。支持在地餐廳不但能為好店家打響聲譽，還能建立資源交流的互惠關係，甚至貢獻至整個社群。有了舊雨新知長期消費滋養，這些在地的飲食場所、咖啡廳、酒館會成為整個社區人們歡聚的最佳去處，進而發展出像是音樂會等其他的娛樂活動。久而久之，我們享受絕佳服務的同時，還能獲得更多和他人經營新關係的機會。

私房口袋名單
Food Network.

今天就去拜訪你最喜歡的一間餐廳，問看看他們是否能夠安排每週一次的專屬座位，保留給你和你的鄰居好友造訪聚會。

6

取得方便vs.
移動自如
Access vs.
Mobility

「移動」是人生中的關鍵命題之一。我們喜愛旅行,我們日常生活需要不斷移動來兼顧基本需求和創造愉悅。然而人生的某些關鍵時刻,行動也許不再順暢,有一天可能無法自行開車,甚至走不了幾個街區。因此重要的是,適時將「移動自如」轉換為「取得方便」!我們必須找到與世界維持互動的方式,並且實體上與之接軌、取用無礙。如此一來,才能讓生活品質獲得滿足。

絕大多數的人認為得有部車才方便移動，但是否想過只要住在城市裡，無論什麼地方幾乎都在走得到的距離。如此一來，我們完全可以自行料理日常生活，不必仰賴開車的能力。理想狀況下，我們最好能在步行20分鐘的距離解決日常所需，而且這段路上還能經常見到鄰居朋友。如果以上的城市生活不符合你的現況，我們還有三個提案：第一，搬到市郊，但多多利用城市機能和當地商家，擴大你的活動區域和選擇。第二，和朋友或鄰居團體行動，通力合作找到其他的便利方式。第三，善用一些私人公司、活動中心提供的通勤工具或共乘服務。這些共乘方案通常折扣很高，甚至不用錢。除了走路、騎單車，再多幾個交通模式，順便測試一下減少開車（Car-lite）這個概念多麼值得推行，而且每天還能獲得足夠的運動量。

擁有自家車是奢侈的
Make Your Car a Luxury.

評估看看你現在居住的地方，開車究竟是件奢華的事，還是必要的事？不妨試看看一週不開車，開發一下其他方便移動的通勤方案。

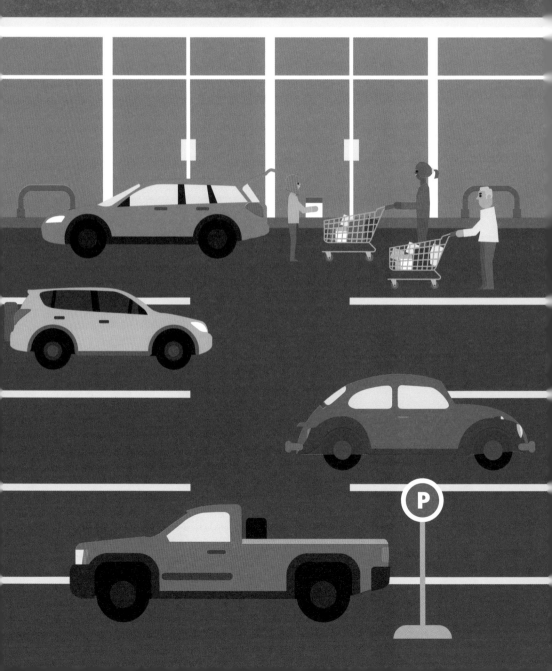

你可以自己開車到雜貨店補貨，更可以和鄰居或朋友相約出門，而且還會更有樂趣。安排一位盡責的司機，好好為你們規劃路線，一方面自己得到充足照顧，另一方面享受和同伴的相處時光。聘請有意願也有能力的司機，會讓不開車的朋友更安心，同伴互相幫助更加樂趣無窮。共乘計畫一旦啟動，還會發現更多優點，比如大家彼此分享自己的購物經驗，甚至還能一起購買大包裝貨品分擔使用。共乘無疑會是未來趨勢，因為不但對環境友善、花費降低，還讓不用開車的你，更能享受整個行程。

主動安排共乘
Pool Your Ride.

主動為鄰居、朋友組織共乘大計，可以訂出通勤時間表分享給大家，然後輪流負責當召集人，把共乘變成一件好玩的事情。

THEATER

研究調查指出一般車的使用時間平均只有4%，但一年的支出卻將近$9,000美元（約NT.29萬元），這筆錢可以有更好的用處。考慮找一位專業司機吧，不必再自己煩憂塞車或哪個路線好，方式包括租計程車、租賃私家車，或者利用手機App的共乘叫車服務，這個共乘方式已經被許多紐約客指定愛用，而且慢慢推廣到市郊也能叫得到車。多多利用由他人駕駛的服務，便能更加享受通勤帶來的好處和一點奢華的感覺。

由別人代駕
Let Other Drives You.

不妨今天就去登錄一家隨叫隨到的共乘服務，好好試用一週，評估便利性和花費是否符合需求。

如果車子可以自動駕駛，何須自己開車？現在還覺得像是科幻小說情節，但許多企業已經大力投入研發自動駕駛科技，甚至開始發展其他的自動化交通系統，不久的將來勢必對我們的移動方式影響甚鉅。舉例來說，9,000輛自動駕駛汽車，就能取代現今紐約市區的所有計程車。讓我們好好擁抱新科技，協助政府機關和民間企業一起克服法令規章的限制，未來我們的日常生活大計，便能受惠於這項前途可期的解決方案。

擁抱自動駕駛新科技
Embrace the Self-Driving Car.

馬上開始追蹤關於自動駕駛的相關新聞，並進一步了解你可以如何支持這項科技，因為未來幾年它將提供我們順暢且自主的新世代移動模式。

宅配到府、訂餐外送方便又輕鬆，讓我們不受交通限制，立即獲得所需日用品和各項餐飲服務。為自己開發更多選擇，無論是線上商店，或是鄰里的共食俱樂部、社區支持的小農計畫。請謹記在心，常常出門仍然非常重要，但我們必須做好準備，一旦得優先考慮便利的時候，其他選擇可以立即補上就位。

讓餐點走向你
Let the Food Come to You.

找時間先測試一下自己的獨立性是否足夠，搜尋所有你可以宅在家完成的日常事項，讓你整整一週完全不需要出門採購。

在家坐擁無敵景觀使我們直接參與了大自然的一切，尤其是我們無法主動出門探索的時候。對大部分人來說，能夠直接望向窗外好像沒什麼了不起，但直到窗戶變成我們和外界聯絡的唯一管道才更顯珍貴。何不現在就打造一片令人愉悅的景觀，可以只是簡單做點園藝、鋪上一片花床，或者找專業人員動工拆除家裡的某一面牆。如果以上選項都行不通，應該認真考慮找尋一個新住處，請牢記遲早有一天，臥房會成為我們的主要活動空間，趁現在確保這是個美麗舒適的好地方，提供我們充足採光、清新空氣以及值得坐擁的一片景觀。

坐擁一個景觀房
Have a Room with a View.

找個時間好好在臥房待上一整天，想像一下怎麼做讓你覺得更舒適，也許是安裝幾面鏡子、整片落地窗，或者更新牆面、天花板，直接改善你從床上可以望見的一切視野。

很多人已經非常習慣使用Skype、FaceTime等線上通訊服務，而且有很大的可能可以完全捨棄電腦螢幕，讓這些方式真正成為主要的使用介面，讓我們與親朋好友的聯繫更輕鬆。新科技的通訊模式，比過去互動的方式更加多彩多姿，而且可以把所有參與者輕易拉在一起。

擁抱虛擬世界
Virtual Proximity.

時至今日我們不再需要近距離才能接觸，不妨拿起你的手機或其他通訊設備好好更新一番，然後利用視訊關心家人朋友的近況。

「家」就是
我們的城堡
Our Homes Are
Our Castles

年輕的時候買房子最在意轉手後的價值，購入、轉賣、搬家的流程不過是金錢上的流動。然而人生進入某個階段後，很重要的是你認知到「家」的真實價值，是在於能夠配合你的生活風格，並能對應身體、心靈上的機能性需求。然而打造這樣一個家，牽涉到許許多多變因，像是居家擺設、隱私規劃、日常活動，還有個人風格等。另外還有生活上、社交上面臨的諸多挑戰，「家」都必須足以支撐我們的需求和欲望。請務必相信，我們習慣的基本喜好，並不會因為逐漸變老而隨之改變。

我們都懂得要預約醫師定期健診，我們應該對房子做同樣的安排，按時和建築師預約。房子的設計如果對行動有所阻礙，或在日常家務上造成不順暢，都可能直接危害健康。專業建築師能夠瞭解問題，協助你做出必要改善，讓實體環境更完善。

聘請建築師重新評估你的房子

Hire an Architect to Review Your Home.

何不在這個月立刻與建築師預約時間，向他們好好諮詢一番，如同你會問你的醫師、車廠技師一樣。詢問怎麼做會更安全、更容易獨立生活，以及在社區和家裡都能過得平靜無慮。

建築師很清楚如何為那些已經閱歷豐富的人打造心靈平靜的環境。良好規劃的空間像是一個溫暖的擁抱，帶有感情且對居住的人散發正能量。足夠的窗戶能讓陽光流瀉，使得戶外景觀參與我們的生活。被木素材、石材等天然材質環繞，更能創造親切舒適的氛圍。

讓房子是個「家」
Make a House into a Home.

諮詢你的設計師，討論一下建材、採光、色調，創造一個能夠為我們的明天充飽電的優質環境為目標。

家裡的每一寸空間都需要花費金錢和心力才能保持良好，我們一開始就必須有策略地思考家中空間大小需求，並且考慮未來哪些區域可能會造成維護上的負擔。比如也許不需要再多三個房間、停得下多部車輛的大車庫，或是豪華的門廳。精簡空間尺寸，反而能讓我們細水長流地維護這個恰到好處的環境，同時也能過得更愜意。居家的尺寸規劃，永遠的準則就是每位家庭成員需有600平方英尺（約17坪）的活動空間。我們都想像得到百百種的追加預算，讓家變得更有趣，但維護起來絕對是另外一回事。減少清潔、打掃和維修的空間，實踐少即是多的真理。

少即是多
Less Is More.

每週開一張清單，計算一下你在家中各個空間花費的時間有多少，便能評估如何縮減空間，直到找出你最常使用的區域。

過於執著物質生活，無法讓我們住在正確尺寸的空間。把東西送給真正需要的人，不但可以清理衣櫃，還能在轉送過程中創造出與好友、家人共度的珍貴談天時光。善用巧妙收納系統、儲物盒，或將資料數位化，皆能讓那些無可取代的收藏被安排妥當。好好衡量一下，收藏品是否真的具有意義，為你的生活帶來幸福感，再將實用的物件和家傳珍品轉贈給家族成員，剩下的不妨捐給慈善機構。

快意生活
Simplify Life.

不妨趁今天好好檢視衣櫃，挑10件東西出來送人，同時為自己訂立一項新規則：每次買了一樣新東西，同時也要轉贈一樣出去。

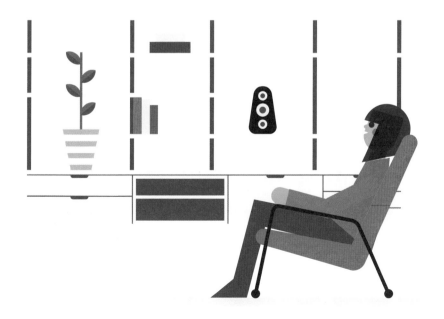

想要一座花園，就非得找一個園丁？擁有一座游泳池，就一定需要救生員？一棟有5個房間的屋子，卻常常4間是空房？許多事物不過是華而不實的象徵，卻綁住了我們大部分的資金，時日匆匆之下，得到的可能只有更多的負擔，而非享受的樂趣。仔細思考如何用最少心力，享有最多設施。像城市蝸居一族，早已習於使用公共的休閒設施，除了小公寓以外，他們通常擁有的不多。循著這種模式，轉借到我們的自宅發展，公共或共享設施同樣讓人獲得無比樂趣，同時增進社交機會，以及免除自己擁有、自己維護的眾多煩憂。

享受，不一定要擁有
We Don't Have to Own to Enjoy.

從地圖上查出10分鐘內可以步行抵達的社區花園、公用泳池或公共圖書館，開始好好運用它們。

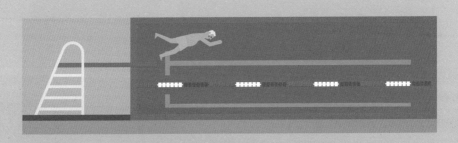

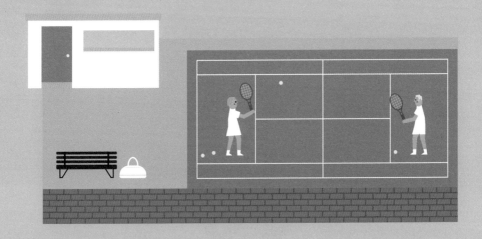

從外面返家的路應該要輕鬆可達，即便是公寓或社區型住宅，都必須確認回家的路方便簡單且規劃完善。想想你都是怎麼回到家的？進門前的通道是否乾淨、明亮？你是否可以輕鬆停好車？是否方便把手上的雜物、提袋順利放進廚房或客廳，不會半路被絆倒？好好改善這段流程，會讓你的日常生活無往不利，而且你所做出的改變不只方便自己，當客人來訪時，還能有賓至如歸、舒適放鬆的感受。

無往不利的歸途
Have Easy Access.

認真檢視一下你家的環境，對於初次造訪的人來說，會有什麼樣的感受。改善造訪你家的每條道路，確保光線充足、毫無障礙。

現在的手機科技已經可透過App應用程式全面掌控居家，只要建立一套中央控制系統，手機即能遠端控制室內溫度、燈光效果、保全裝置以及影音娛樂系統，家中環境能夠確實依照你的需求同步調控，而且操作起來非常簡便。有了遠端遙控，我們可以預先調整好室內溫度，寒冷時抵達家門就立刻享有溫暖，離家之後也能關掉每次出門最討厭的事——忘記熄掉門廊燈。多多深入各項科技應用，甚至還可以計算能源使用狀況，進而對居家規劃做出更聰明的決定。

全面掌控住家
Take Control over Your Home.

裝一套中央控制系統，這個遠端遙控介面將會讓你只用一根手指，全面掌握家中狀況。

每個住家都有地方可以裝設安全設備。增添安全設備不但讓你未來的路更長遠，更能增進安全性和舒適度，不必再擔憂是不是夠堅固。最常見的安全設計就是裝設握把，如果你能將握把當作居家裝飾，其實這會是非常有意思的設計亮點，完全不必考慮那些笨重又多餘的醫療設備。

抓起來穩當的家
Hold on to Home.

主動聘請工班，為你設計現代感的握把，包括握桿、門把，加強樓梯上的金屬零件，還有門廊和浴室這些重點區域，確保兼顧功能與設計。

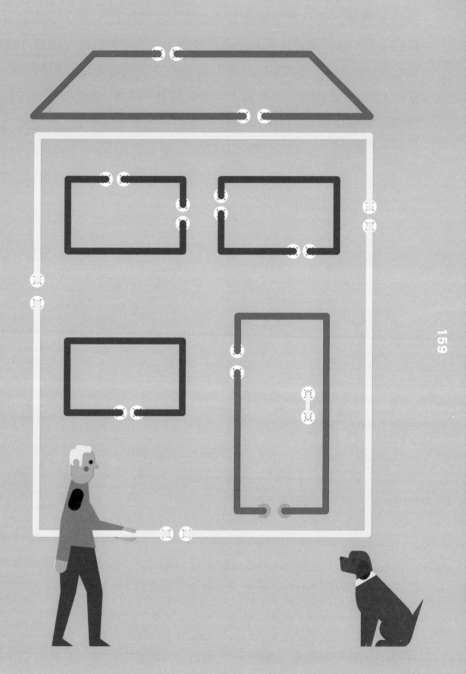

趁早為居家安全做些投資（而不是有人摔倒之後），可以避免未來面臨更加嚴峻的挑戰。如果曾經有人被一塊已經很顯眼的地毯絆倒，建議在更嚴重的事情發生前趕緊淘汰它。任何地板上非必要的交接地帶或落差，都可能造成危險，應該受到重視，有些需要一兩階樓梯的錯層區域，可以用緩坡取代。確保居家的主要功能區域，像是廚房、臥室、浴室等，都在同個水平面上也非常重要。另外，樓梯也是最容易跌跤而導致受傷的地方，後續接連而來的是龐大醫療費用、失去獨立生活能力等情況，做些基本觀察就能減低意外風險，比如加裝良好的照明、穩固的樓梯扶手，並且特別注意樓梯踏面需使用止滑材質，並選擇易於分辨差異的顏色。

走起來平坦的家
Create a Level Playing Field.

把你的滾輪行李箱從衣櫃拿出來做實測，帶著它在屋內走動一個小時，是否能夠完全不用提起行李也能順暢移動？這樣就能找出哪些地方有潛在的危機。

登門拜訪朋友和親人，和在家接待賓客，皆是生活中的美妙時分。酒店旅館雖然便利，但家中有一間客房會加倍方便，且能幫助訪客減輕預算上的負擔。不過要特別注意你的客房是否擁有足夠隱私，最好能包括專屬的衛浴，讓客人可以完全自主生活。保留客房的另外一個加分地方，在於未來也許你會需要一位照護者，這個獨立套房就能用上。

為嘉賓準備客房

Make Room for Visitors.

諮詢空間規劃的專家，幫忙從居家現有空間找出一個地方，打造出賓至如歸的客房。

「家」等於健康

餐廚是「家」的心臟，是交誼與準備食物的中心地帶。一個完善的廚房可以讓人保持獨立自主，流理檯和電器必須調整在適當高度，整體格局配置得當，才能打

造良好動線，讓家事流程順利執行。另外增添一些小細節，可以讓使用者感到舒適，即使下廚作菜，也能隨時參與用餐和娛樂的珍貴時光。

廚房的裝修清單

注意！如果你家廚房或其他房間已經準備依照清單裡的準則來改裝，趁早動工會比延後好。

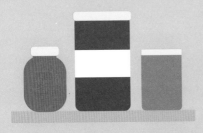

善用開放式層架、
更有彈性的儲物方式。

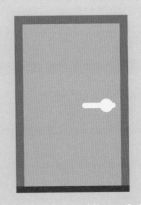

大門門寬至少36吋（約91.4公分），
並且選用單桿旋轉門把。

善用桌下的儲物空間，
保留可以伸腿的位置。

地板選用堅硬的材質，像是木地板、
磁磚或是天然石材，方便輪椅或行動
輔助器使用。

選擇單槍水龍頭，
安裝在樣式簡單的水槽旁。

櫥櫃和抽屜選擇——
長形握把優先，圓形把手次之。

保持通道的淨空，並且保有足夠空間，
以方便廚房內的工作執行。廚房入口
需要40吋的寬度（約101.6公分）。

流理檯高度的標準尺寸有幾個選擇：
30、34、36、42吋
（約76.2、 86.4、91.4、106.7公分）

當你的水槽位置比較遠的時候，多安
裝一個延長的水龍頭方便接水。

審視一下你的廚房用品和家電，就像
你會記得處理掉過期食品和調味料。
撤掉這些難用的東西，換為現代規格、
符合人體工學，同時具有設計感的新
品項。定期整理就能避免廚房變得雜
亂，好用才會更常使用。

水槽後方安裝廚餘收集區，同時下方
也要保留方便伸腿的空間。

「家」有寶座

我們的家——

特別是浴室，

一定要輕鬆進出、

使用流暢。

如此一來，

自己在家永遠方便，

親人朋友來訪

也備感舒適。

浴室的裝修清單

擁有一組伸縮化妝鏡，設在坐著仍然
方便使用的適當高度，隨時可以依照
使用者需求做調整。

浴缸或淋浴間安裝水壓調節器。

你會需要一面全身鏡。

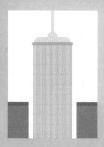

淋浴設備預留好輪椅方便進出的尺
寸（至少36吋寬、36吋深，各約91.4
公分）。

多幾個不同高度的鏡面，並且在水槽
下保留足以伸腿的空間。

主要使用區域至少預留半徑5英呎（
約152公分）空間。

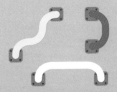

增設一些能夠搭配衛浴、淋浴間或浴缸風格的握把，並且善用它們。

止滑墊是必備的。

安裝控制面板，方便操作窗戶、燈光、溫度和乾燥、排風裝置等設備。

插座和電源開關要能伸手可及。

拿取順暢的備品儲物系統，比如毛巾架設在淋浴間輕鬆拿得到的位置。

浴室至少要有40吋寬（約101.6公分）的迴旋空間。

浴室門寬至少36吋（約91.4公分），並且選用單桿門把或單孔門鈕。

放置一把淋浴使用的椅子或長凳。

好「家」好眠

在星期天早上賴床，是件多麼幸福的事！絕大多數的人待在臥房的時間，遠超過家裡的其他空間。一旦有些時候我們必須待在床上更久一點，睡眠就不是唯一會發生的事——臥房將會變成生活的重心。為了長遠起見，依照各種情況預先規劃，臥房必須根據需求開始改裝，包括

從入睡到醒來、從生病到恢復健康。首先，保留足夠空間，醫療床或照護設備才能順利設置。此外，記得把臥房設計成景觀房，要有能夠輕鬆到達浴室的動線，擺設舒適的傢具，還有一項貼心提醒——別忘了花點心思在天花板上——因為當我們靜靜躺下之後，視線只會向上，看到整面天花板。

臥房的裝修清單

主要使用區域至少預留半徑5英呎（約152公分）空間。

確認整個臥房照明充足。

保持衣櫃井井有條，把常用的東西存放在此，大型或沉重的物品則靠近地面收好。

通往浴室動線上的任何阻礙全部淨空——尤其是地毯地墊，避免半夜起床被絆倒的風險。

準備一張頭、尾兩端皆可獨立升降調整的專業床組，方便居家照護使用。

在床頭設置電話。

製造一個可以在臥室內繞行的路線，
至少保留40英吋（約101.6公分）寬。

進入臥房的動線上，地板必須完全淨
空，並且保有足夠空間，通道需要至少
40吋（約101.6公分）寬度，以利隨時
進出臥室。

臥室門寬至少36吋（約91.4公分），
並且選用單桿門把。

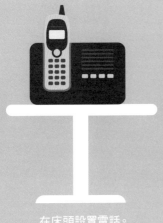

移除所有門檻，拉平臥室和其他空間
的地面。

把床邊（除了床頭以外）的三個方向
留出走道。

宜「室」宜人

客廳是家裡最具潛力的好地方。人們聚集在此歡聚慶祝、享受和休憩，無數回憶全在這裡一幕幕展開。客廳的設計必須為所有居家活動

而生，是我們生活風格
匯集之處。另外謹記在
心的建議是：多為社交
活動所需著想，因為這
會是所有賓客到訪使用
最頻繁的場域。

客廳的裝修清單

移開所有障礙物，確認整個空間的動
線保持整潔。

遠離雜亂的可能：清除所有平面上可
能收納小玩意的容器，還有一疊再疊
的紙堆。

思考如何全方位多功能使用：比如你
是否可以在這裡每天運動？是否適合
每週舉辦讀書會？設計上保留靈活切
換使用，可呼應動、靜態各類活動。

通往客廳的門寬至少保留36吋（約
91.4公分），並且選用單桿門把。

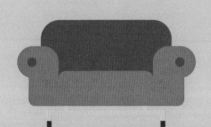

投資一張舒適好沙發，你和你的朋友
都更能盡情享受。

善用燈光照明。依照各種情境、工作
模式和時間點搭配合適的燈光效果，
客廳氛圍自然豐富有變化。

讓客廳和餐廚區域相連或更靠近一
些，正在下廚的人才不覺得孤單。

進出客廳的動線上，地板必須完全淨
空，並且保有足夠空間，所有動線需
要至少40吋（約101.6公分）寬度，
方便隨時到達客廳。

在家工作

還記得本書第3章討論過的「永不退休」概念嗎？我們的「家」就是達到目標的最強力後援，無論你有創業的打算、建立家族珍貴紀實的計畫，或者單純想和

至親所愛隨時上線聯繫。打造工作室或書房其實很簡單，只需要準備一張功能完整的書桌，以符合人體工學為優先，什麼時候想工作就能馬上到位。

工作室／書房的裝修清單

地板建材必須夠堅硬，建議使用硬木、磁磚、天然石材等，以因應輪椅、行動輔助器使用。

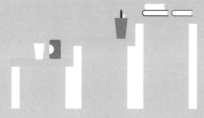

桌面高度的標準尺寸有幾個選擇：30、34、36、42吋（約76.2、86.4、91.4、106.7公分），可以多幾個尺寸應用。

進出工作室／書房動線上，地板必須完全淨空，並且保有足夠空間，所有動線需要至少40吋（約101.6公分）寬度，方便隨時到達工作桌。

櫥櫃和抽屜選擇——長形握把優先，圓形把手次之。

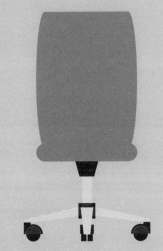

別忘了挑一張好用辦公椅，能長時間
使用且坐得舒適。

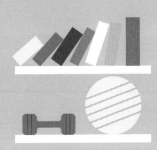

思考如何全方位多功能使用：比如你
是否可以在這裡安心工作？是否適合
每週舉辦讀書會？設計上保留各類活
動的靈活切換可能性。

善用桌底儲物空間，只要保留好可以
伸腿的位置。

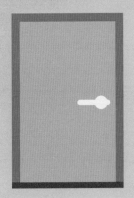

通往工作室／書房的門寬至少保留36
吋（約91.4公分），並且選用單桿門把。

8

外援服務與共享經濟

Add Services and Conveniences

生命中的某些時刻，我們可能過得比較辛苦，需要某個方式或更多管道獲得協助。最好的協助模式可讓人在過程中減輕負擔，卻又不會直接取代原有的自理能力。比如利用宅配服務把東西通通送到面前，或找尋服務仲介公司、策略結盟單位、經常互助的朋友、嶄新科技等。這些優質服務並非只針對老年人經營，事實上，一個成熟體系通常會提供跨城市的服務，積極為各個年齡層服務，因而能夠提供更多元的選擇、更划算的價格帶以及更完善的客戶服務。選擇正確的外援管道，才能讓我們獲得更長期的自主性，無論是商場的運送服務，或由鄰居接送一起去健身房，各種潛在方法其實唾手可得。

如果有人能伸出援手，何必樣樣的生活事務都親自動手？聽起來很不錯？是真的很不錯！聘雇專人幫你一把，最棒的是可以降低自己處理整屋的雜務所帶來的風險，讓我們多花點時間在更輕鬆愉快的目標上。當然找人幫忙的門檻不外乎金錢，畢竟多雇一個人就是多付一份薪水，話雖如此，只要不怕發揮想像力，還是有些方法讓你提早計畫，而且負擔得起。舉例來說，提供住宿也許能交換到一些被照顧的方式。另一方面，對我們自己好，也是對社會經濟有所貢獻，因為每聘用一個人等於創造了一份工作機會。

聘用照護
Hire Help.

試著聯絡看看居住地附近的服務單位，向鄰居打聽一下標準行情，有足夠的資訊、瞭解開支，才好決定是否聘用照護者。

難免覺得特別聘僱一位照護者的支出，對於一般人有點高攀不起，或許可考慮找朋友共享一位專業人員，彼此分攤費用。最簡單的方式是，先找好七位朋友，這樣每個人每週都可以得到一天的服務，分配到的工時其實足以應付一般家務需求。學習發掘一些新策略來互相支援，便能除卻失去獨立性的不安感覺，而且過程中還會加深社區朋友們的情誼。

時盡其用，長照分擔
Share a Person.

馬上和朋友聊聊長照分攤的想法。團結力量大，大家一起計畫尋求最佳協助管道，效果必然加倍。

最節約的支援系統，當屬能夠和別人交換的「共享經濟」模式。一個有車的人，可以幫助別人一起出門購物；另一個很會做菜的人，可以為大家準備餐點。交換專長，是整個支援系統中最有社交性的方式，但也需要更多的準備，讓系統裡的每個人能夠彈性變換角色相互輔助。

人盡其才，共享協助
Trade Help.

先想想日常生活中，自己能夠為別人做哪五件事？然後希望能交換到哪五種項目？

自願成為義工是件美事——願意將別人放在優先於自己的位置上。不過要清楚知道這些義工理應得到回報，就算是一個簡單感謝，一個彼此分享的經驗，一項知識的對等關係，讓施與受兩造都獲得非金錢可衡量的心意。當今社會更在乎即時性的感恩，比起長期的承諾，義工就是這樣一個更棒的角色。

尋求義工機會
Find Volunteers.

查訪你住家附近是否有相關單位，列出一張大約10個候選機會的清單，包含未來你可以主動提供的服務項目，像是巡邏隊、社區中心義工等等。

很多人願意支援前線，但大家自己也很忙。過去固定每週服務的義工制已經不符合時代潮流，更好的方式是隨機模式，就像你家的隨選電視持續幫你追蹤著決戰日一樣，新思維的制度讓大家只要有空檔，都更願意提供協助和參與活動。先把自己的需求提出讓其他人知道，並且開放朋友主動來登錄他們哪些時間允許幫忙。如果每個月需要一直有人開車載你去看醫生，事先讓朋友來登錄他們方便接送的時間，你則應該主動好意提供午餐或者咖啡作為回報。

活化支援系統
Volunteering on Demand.

創建一份共享的線上行事曆，讓你社群內的朋友，在有彈性空間的條件下願意答應互相幫忙。

個人化設備的科技日新月異，許多以前想都沒想過的服務如雨後春筍般興起，舉凡食物宅配平台、線上叫車、居家清潔服務一一實現，並且一應俱全，智慧手機更是變成主要的溝通工具，讓我們可以靠自己管理好各式各樣的服務，千奇百怪的機會紛紛崛起，相信必將步步走向企業化，前景非常值得期待。我們只需要進一步了解哪些服務最方便好用，並且能夠真正信賴它。

數位祕書：線上服務
Meet the Digital Concierge:
Online Services.

找到以下幾種你最信任的服務：

1. 叫車服務。
2. 訂餐外送。
3. 家事服務及幫傭服務。
4. 水電工及居家維修、除草。
5. 日用品宅配。
6. 線上健康諮詢，並可以利用數位通訊與醫師直接對話。
7. 健康、運動、冥想專人指導的App應用程式。

生活中有許多我們早已習以為常的動作和事物,像是刷牙、沐浴、使用廁所、穿脫衣物等等.一旦身體狀況或知覺發生了變化,簡單的動作都可能變得非常吃力。這些事情App應用程式都幫不上忙,但還是有些方式可以讓任何年齡的人得到幫助。首先,居家環境的設計要考慮便利性,尤其衛浴空間和自我照顧的設備需儘可能做到省力方便(詳情請參考第7章:「家」就是我們的城堡)。下一步計畫,則是主動向家人、朋友、義工和看護尋求支援。

願意主動開口尋求支援
Dare to Ask for Care.

主動向你的家人、朋友提出需要幫忙的可能性,誰能夠短期?誰能夠長期照顧人?並且確實弄清楚對方可以做到的範圍到哪裡。

到了這個階段也許愛吃東西勝於煮東西，不過手工自製餐點還是最經濟實惠、環保友善，且能讓我們吃得更健康。理想情況下，我們和家人朋友一起下廚、一起分攤家務，然後把用餐時光變成建立情感的珍貴經驗。不過如果下廚變成棘手的事，不妨多加利用附近的訂餐外送服務，可以直接在家門口收下現成餐點。為了避免專門為老人設計的餐點讓我們失去飲食自由，我們最好找到自主的方法，保有隨時選擇晚餐想吃什麼的權利。

相聚用餐
Meet and Eat.

拜訪居家附近的餐廳，問看看哪些你最喜歡的菜色可以事先預訂外送。

讓寵物進入我們的生命，可以豐富日常生活。讓寵物環繞我們四周，最能療癒孤寂心情，而且產生對每天的想望，促進平日的活動力。請務必確保照顧寵物不會為生活增加負擔，或是找好滿足寵物需求的替代方案，比如確定有人可以幫忙遛狗，或者朋友、鄰居願意幫忙照顧寵物的基本生活，帶他們去大院子運動，有足夠的玩耍時間。

寵物陪伴
Get Some Tail.

決定自己養寵物之前，不妨先試著每天幫朋友遛遛狗，說不定對雙方都是更好的方案。

我們的文化裡，一般人每天大約看6小時的電視，不過千萬別讓電視只是製造一些聲光效果而已。何不透過電視增廣見聞，成為靈感來源。電視能夠激發我們對更多以前沒注意過的活動產生興趣，也可能成為教育我們的知識來源。

從電視獲得更多
Let the TV Work for You.

今天就拿起遙控器，把電視轉到能激發靈感的頻道，讓你想下廚、想去沒見過的地方旅遊、想要學習新知！

擁有一座庭園是件愉悅的事，只消坐在草坪上、嗅聞花草香氣，又或不時採摘香草、蔬菜，單純享受田園樂又能活動筋骨，（幾乎）是每個人夢想的場景。回到現實面，庭園需要滿多責任和心力，若單純只想享樂，不妨和專業園丁簽約，讓別人擔綱大部分責任，也可以縮減我們需要照顧的庭園尺寸作為妥協。擁有庭園當然很完美，但並非生活必需，就像游泳池、豪宅一樣，首先要確認這麼做的好處大於將會面臨的挑戰。

打造庭園和大自然秩序
Create Lawn and Order.

向園藝專家諮詢，討論有什麼基本的維護專案可以照顧好那些重要的植物，減輕你的工作量。另外則可以考慮參與社區花園的工作，還有索性搬到一個有許多公園和開放花園的地方居住。

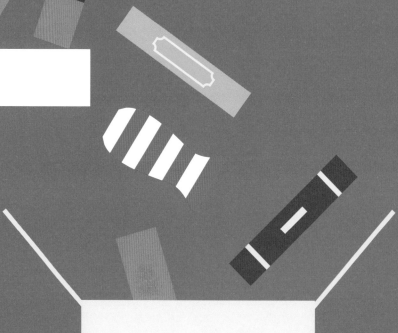

很多人覺得聘用專業家事服務有點奢侈，但現實生活裡，打掃和維持居家環境真的非常費時耗力，甚至不小心會閃腰傷背，還是可以考慮尋求一些幫忙。即便只是家事服務也分成很多不同層次的方案，不妨找找是否有促銷訊息，以及針對一般家事如清潔、洗衣、基本維修等等的義工服務。在這些家事變成不得不做之前，我們更需要專業協助。首先好好整理一下自己的生活，不只是基於道德或觀感問題，而是打造出一個舒服的環境方便朋友隨時造訪，更加親近你。

家事也是功課
Make Home Your Homework.

從衣櫃開始，清查每一件衣物是否有哪些超過一年都沒用上？

網路購物的便利性、流通性和資訊性仍在快速成長。許多電子商務通路業者現在提供的價格，已經比過去更具競爭力。透過使用者評價和事先瀏覽資訊的功能，讓我們從已經購買的使用者身上獲得實際經驗，購買起來也更有信心，更別說還有很多搜尋引擎提供自動比價、最佳促銷方案，只要有心，所有需求都能被滿足。

偶爾線上購物
Shop from Home, Sometimes.

買東西前先上網比較，再決定什麼東西在線上買、什麼東西去實體店，這樣還能增加社交價值。一旦今天打算出門購物，不妨設一個目標：主動在購物過程中和某個人好好聊聊。

多和同伴來往，只要我們時時用心、保持活躍，人際維繫是很自然的事。提醒自己照原本的方式過日子，就能輕鬆和朋友以及週遭環境維持良好互動。透過視訊聊天，也能邀請朋友有空到家裡來坐坐，因為科技再發達，也比不上身處同一個空間的親密感來得重要。

把握面對面機會
Use Face-to-Face Time.

今天和朋友視訊聯絡的同時，也立刻安排一次面對面的聚會吧。

絕大多數的人生中，我們這副既微妙又多工的軀體需要適應各種不同地形，舉凡上樓、穿越崎嶇或者跋涉幾哩路才能抵達終點。雖然我們也常常仰賴各種交通工具，包括汽車、火車、電梯、手扶梯等幫助我們移動，但隨著歲月流逝，身體老化，漸漸地某些工具已經不再用得上。有機會就放掉那些阻礙我們移動的輔助工具吧！像是輪椅和助行器。如果社會上持續洗腦這些器材是生活的必需，工業設計師和企業家應該要打造出更新、更有遠見的設計，讓人可以自助繼續前行！

助行還是自助
Walk for Me.

拜訪一位復健治療師，請教看看何種運動和器材可以讓你更輕鬆到處行動。

智慧手機和穿戴裝置終於主宰了多數人的生活，不僅記錄我們的所有活動，還提供健康營養、組織建造，甚至情緒安撫的功能。它們罔若我們的另一個分身，讓人得以串連真實與虛擬世界，並且對於健康和環境有了全新的覺醒。它也可以是一個我們追求的服務與便利介面，只要你願意多多利用，其實一切進化才正要展開，有更多的機會將會使科技改寫我們的生命，未來的數位世界無可限量。

和數位世界的你見見面
Meet the Digital You.

實測一下穿戴裝置，它不僅能夠記錄你的活動，還可以分享成果讓你的朋友也看得到。

各種醫療支援通常以每日或每小時作為基本執行單位，其實在家更能不受時間限制，直接獲得醫療照顧資源。找到當地的醫師、醫院或健康中心，看看如何能夠直接在家取得資源。許多機構的醫護站備有24小時全年無休的電話諮詢服務，讓你省下親自跑一趟的不便。儘量避免在醫院裡空等，讓自己保有獨立及自主性，即使你已經在其他地方失去了這些可能。

接觸遠端醫療
Stealthcare:
Medical Services to Go.

向鄰近的健康機構預約，瞭解一下哪些事情可以透過電話諮詢就能自行在家解決，同時配合你的需求安排好合適的服務項目。

額外的醫療行為和照護必須尊重個人意願，無論留院觀察到返家照護都是相同的，但要注意有些行為已是過度照護，事實上有些過於積極的醫療往往適得其反，甚至延長留院時間。同樣的，維生系統設備和養護中心並非是唯一的選擇。先確認這項醫療行為利大於弊，且會增進生活品質，而非只是延續生命，否則可能會面臨更多挑戰勝於享受生命。

更多不一定更好
More Is Not (Always) Better.

自行準備好親筆同意書，針對重大醫療行為表達真實意願，並且讓你的家人知道。確保你的聲音被聽到，確認你的意願被清楚理解。

9

透明化的
生命規劃
Pass It On

我們都會漸漸變老,但並不孤單。這就是為什麼投注一些時間先做好調適非常重要,不僅本身能快速獲得改善,還能有益於社群,再回饋到自己身上,一直持續下去。讓我們一起邁向優雅熟年,一步一腳印地做。

我們應該和家人好好坐下來，談談每個人接下來30年左右的生活，說說最理想的居住環境、休假計畫、緊急狀況的處理原則，還有對於長期健康照顧的意願。將這些話題開誠布公討論，包括房地產處置、財務分配、重大醫療決定等等，這樣我們都能清楚知道彼此的期望。

與家人開誠布公的討論
Create Transparency
with Your Family.

從一起規劃開始，然後依每個年齡層漸漸打開話題和溝通。

安排一場家庭會議，討論未來十年的想法，並且整合重大的決定。

居住地點

緊急醫療

醫療計畫

不動產配置

長期照護

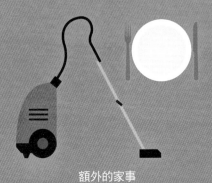

額外的家事

身後儀式和地點

對來生的信仰

幼兒與寵物安排

財務分配

遺願

每家公司和組織都設有董事會，給予未來營運風險一些忠告。這個董事會能夠要求公司按照規範擬定計畫，並且在複雜事務發生時，適時提供一個可信賴的資源協助解決。何不成立一個屬於我們人生的董事會！邀請四個好朋友作為顧問，和公司運作方式類似。我們也可以先找些朋友、專家來一場腦力激盪大會，模擬推算我們的未來，也用各式便利貼、剪貼資料、麥克筆和白板，甚至幾張圖表以及所有用得上的媒介工具，盡情分享所有想法。目標是為我們的人生下半場找到更有創意的解決方案：所有關於住房、健康、幸福的一切。見過你的顧問之後，把團體激盪出的點子做成文件，並且分享給所有與會者。

把熟年規劃
當作一家新創公司
Treat Aging Like
Starting a Company.

趁現在開始組織你的人生董事會吧！大家至少每年碰面一次，隨著物換星移、時光荏苒，我們依舊能保有對未來生活的眼光及細節想法。讓顧問發表他們的意見，同時協助引領我們往正確的方向進行。

一旦在心中決定身體力行「熟年自治」哲學，我們大可以將之分享給同儕以及年輕世代的家族成員，把相關知識散播出去，不但能讓年齡歧視的狀況減少，也令年輕世代更理解未來生活要面臨的挑戰。試著教導別人，會幫助我們自己把目標轉化為更確切的語言和文字。

在你的人際網路分享成果

Share It with Your Network.

善加利用社群媒體如推特、臉書和Instagram等平台，讓自己也成為社會群體的一員，主動幫助更多人生活美滿、長命百歲。歡迎你們造訪www.new-aging.com網站，將心中想法分享出來，開始做出改變！

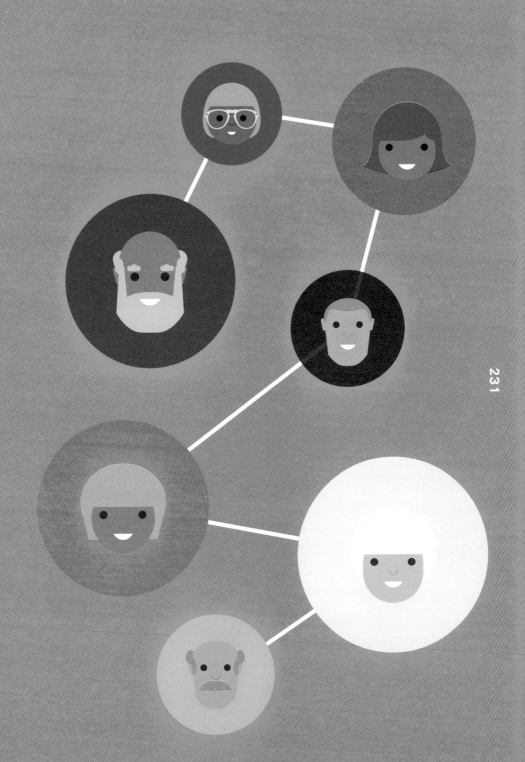

關於作者 馬帝亞斯·伍爾維奇（Matthias Hollwich）是紐約新銳建築事務所HWKN（Hollwich Kushner）以及最大建築資料庫線上平台Architizer的共同創辦人及負責人。

他過去曾在荷蘭建築師雷姆·庫哈斯（Rem Koolhaas）的OMA（Office for Metropolitan Architecture）旗下，以及美國建築事務所Eisenman Architects, Diller Scofidio+Renfro等國際知名事務所帶領設計團隊。馬帝亞斯的建築設計結合獨特個人風格、濃厚在地意涵以及豐富的社會研究經驗，奠定了他在勇於革新、突破常規的新世代國際建築設計師中，位列第一線新秀的出眾角色。

馬帝亞斯在賓州大學擔任客座教授期間，彙整如何使城市與建築共同正向發展的研究，歸納出一系列關於熟年生活的全新概念及流程，藉由社群內學習、合作、參與等過程或機制，獲得掌控與本身相關事務的力量，進而提升個人生活、組織功能與群體生活品質。馬帝亞斯已陸陸續續在TEDx論壇、PICNIC創新分享組織、WHO世界衛生組織，以及賓州大學的新熟年生活發表大會等這些具有影響力的場合，將他的研究和資訊散播至世界各地。

關於設計團隊 **布魯斯茅設計Bruce Mau Design（BMD）是**一間經常與世界一流組織合作的設計公司，深信偉大的設計即是一種改革力量，能夠驅動成長、鼓勵參與、促進覺醒。

我們的客戶與工作夥伴，皆致力於形塑著這些潛力產業的前景，我們的合作對象包括國際規模的大型企業、懷抱遠見的創新公司、泛藝術文創組織、多元利益關係人教育機構、具有旺盛企圖心的建築師、市鎮建造者、政府及公家單位。我們的團隊來自全球各地的專業菁英，包括繪圖師、建築師、策略研究家、UX使用者經驗專家、作家以及各領域的專案經理人。

《熟年自治世代。用設計服務未來的自己》這本書代表了合作夥伴們歷時五年的創意和心血結晶，努力探索設計如何介入協助，並改變我們原以為的熟年生活，我們和馬帝亞斯以及他的公司HWKN已經著手進行幾個專案，包括針對熟年人口的新社區發展經營、世界頂尖學術研究大學的全新校園、高密度城市集合式住宅的全新實驗建案。

布魯斯茅設計團隊

Hunter Tura, Tom Keogh, Cristian Ordóñez, Elvira Barriga,

Kaila Jacques, and Robert Samuel Hanson

www.new-aging.com